EXAMEN

DU SYSTÈME PERFECTIONNÉ

DE

CONJUGAISON GRECQUE.

EXTRAIT

Du JOURNAL ASIATIQUE, rédigé par MM. DE CHÉZY,—
COQUEBERT DE MONTBRET, — DEGÉRANDO, — FAURIEL, — GARCIN
DE TASSY, — GRANGERET DE LAGRANGE, — HASE,—KLAPROTH,—
RAOUL-ROCHETTE,—ABEL-RÉMUSAT,—SAINT-MARTIN,—SILVESTRE
DE SACY,—et autres Académiciens et Professeurs français et étrangers;

Et publié par la Société Asiatique.

Il paraît, par année, douze Cahiers de ce Recueil, qui forment deux
volumes in-8º.

Le Prix de l'Abonnement, pour l'année, est de 20 francs.

On ne peut souscrire pour moins de six mois ou d'un volume ; alors
l'Abonnement est de 12 fr.

Il faut ajouter pour le port,

Pour les Départemens,...　　1 fr. 25 cent. par volume.
Pour l'Étranger.........　　2 fr. 50 cent.　*idem.*

On s'abonne à Paris, A LA LIBRAIRIE ORIENTALE DE

DONDEY-DUPRÉ PÈRE ET FILS, Imp.-Lib. , Éditeurs-Propriétaires
du Journal Asiatique, rue St.-Louis, Nº. 46, au Marais, et rue
de Richelieu, Nº 67, où l'on peut se procurer le CATALOGUE DE
LANGUES ET LITTÉRATURE ORIENTALES, qui vient de paraître.
Et chez les principaux Libraires de la France et de l'Étranger.

IMPRIMERIE DE DONDEY-DUPRÉ.

EXAMEN

DU SYSTÈME PERFECTIONNÉ

DE CONJUGAISON GRECQUE;

PAR M. FR. THIERSCH,

ou

INDICATION DE QUELQUES RAPPORTS

DU GREC AVEC LE SANSKRIT

PAR J. L. BURNOUF;

SUIVI DES ANALYSE ET EXTRAIT

DU DÉVIMAHATMYA,

FRAGMENT DU MARKANDÉYA POURANA;

TRADUIT DU SANSKRIT PAR E. BURNOUF FILS.

PARIS,

DONDEY-DUPRÉ PÈRE ET FILS, IMP.-LIB.,

ÉDITEURS-PROPRIÉTAIRES DU JOURNAL ASIATIQUE,

Rue St.-Louis, N.º 46, au Marais,
Et rue de Richelieu, N.º 67, vis-à-vis la Bibliothèque Royale.

M DCCC XXIV.

CRITIQUE LITTÉRAIRE *.

Système perfectionné de conjugaison des verbes grecs, présenté dans une suite de tableaux paradigmatiques, par D. Frédéric THIERSCH, *professeur au Lycée de Munich, et chef du Séminaire philologique de la même ville; traduit de l'allemand sur la troisième édition, par* F.-M.-C. JOURDA, D. M. P., *membre de la Société médicale d'émulation, et de la Légion d'honneur.*—Paris, 1822, chez Thomine et Fortic, libraires, rue Saint-André-des-Arcs, nº 59, et chez Dondey-Dupré Père et Fils, imp.-lib. , rue St.-Louis, nº 46, au Marais, et rue de Richelieu, nº 67.

LE grec ancien n'est pas au nombre des langues dont la Société Asiatique s'occupe spécialement. Cependant il rentre au moins indirectement dans son domaine, soit comme source du grec moderne, soit comme intimement lié par son origine à la langue sanskrite. C'est surtout sous ce dernier point de vue que nous l'envisagerons dans cet article. Aussi bien, la méthode de M. Thiersch a quelque rapport avec celle des grammairiens indiens : c'est une synthèse un peu obscure, résultat de la plus lumineuse et de la plus savante analyse. Je dis que cette synthèse est obscure; toute synthèse l'est nécessairement, non pour celui qui l'a

---

* Extrait du Numéro 18 du *Journal Asiatique.*

construite, car il a reconnu l'un après l'autre tous les objets qu'il montre en masse ; ni pour ceux qui, comme lui, maîtres des détails, peuvent sans peine embrasser l'ensemble ; mais pour le commençant, qui ne peut arriver aux généralités qu'après avoir passé en revue beaucoup de faits particuliers. Nous ne croyons donc pas que les tableaux de M. Thiersch puissent être fort utiles à l'enseignement élémentaire ; mais comme résumé philosophique des règles de conjugaison exposées dans les meilleures grammaires modernes, tant en Allemagne qu'en France, ils ne laissent rien à désirer. L'élève de la nouvelle école y retrouve les principes qui lui sont familiers, et les voit avec plaisir présentés dans un ordre systématique, et offerts à sa vue comme dans un vaste *panorama*.

M. Thiersch s'occupe d'abord des lettres, et il épuise la matière. Il reconnaît cinq voyelles simples ou brèves, ε, o, α, ι, υ, lesquelles étant doublées donnent les cinq longues, η, ω, $\bar{\alpha}$, $\bar{\iota}$, $\bar{\upsilon}$ (1). C'est exactement le système sanskrit, où chaque brève a sa longue correspondante. De ces dix voyelles, trois brèves et trois longues sont formées dans l'intérieur de l'appareil vocal ; il les appelle *voyelles profondes* ;

Ce sont $\left\{ \begin{array}{l} \alpha, \varepsilon, o, \\ \text{et } \bar{\alpha}, \eta, \omega. \end{array} \right.$

Les autres, ι, υ, sont proférées par le palais et les lèvres ; il les nomme *antérieures*. Ces dénominations

____

(1) On ne met ici l'accent circonflexe que pour tenir lieu du signe de *quantité longue*.

me paraissent neuves et claires. Les six profondes combinées avec les deux antérieures, forment douze diphthongues, savoir :

$$\begin{array}{ccc|ccc} \alpha\iota & \varepsilon\iota & o\iota & \alpha\upsilon & \varepsilon\upsilon & o\upsilon \\ {}_{,}\bar\alpha\iota & \eta\iota & \omega\iota & \bar\alpha\upsilon & \eta\upsilon & \omega\upsilon \end{array}$$

Ce tableau est très-régulier ; mais $\alpha\iota$ et $\alpha\upsilon$ y figurent deux fois, ce qui ne facilite en rien l'enseignement. L'auteur avertit que l'ι s'écrit sous les longues, au lieu de s'écrire à côté, en sorte qu'on dit α, η, ω, pour $\bar\alpha\iota$, $\eta\iota$, $\omega\iota$. Mais on écrit aussi $\ddot\alpha\delta\eta\varsigma$, et cependant α est bref dans $\ddot\alpha\iota\delta\eta\varsigma$; il ne devient long qu'après qu'on y a sous-crit l'*iota*. Je demanderai aussi pourquoi l'auteur sup-pose que $\chi\varepsilon\upsilon\sigma\omega$ est pour $\chi\varepsilon\upsilon\upsilon\sigma\omega$. A quoi bon ce dou-blement de l'υ ? Est-ce que la diphthongue $\varepsilon\upsilon$ n'est pas longue par elle-même ? Au reste ces légères critiques n'attaquent en rien la beauté et la simplicité du sys-tème de M. Thiersch. Elles prouvent seulement qu'il n'est pas de système qui ne prête à quelque objection.

'L'auteur ne compte pas $\upsilon\iota$ parmi les diphthongues. Ces deux voyelles se prononcent pourtant par une seule émission de voix, et ne font qu'une syllabe. Après qu'on a formé douze diphthongues en ajoutant aux voyelles *profondes* chacune des deux *antérieures*, pourquoi ne pas accorder à celles-ci la permission d'en former une à leur tour en s'unissant ensemble ? M. Thiersch suppose que $\upsilon\iota\delta\varsigma$ devait se prononcer *uvhios*, et $\mu\varepsilon\mu\alpha\upsilon\bar\iota\alpha$, *memauvhia*, par l'introduction d'un *digamma*. C'est ainsi que quelques-uns, suivant l'ex-pression de M. Schlegel *(Indisch. Biblioth., t.* I,

p. 290), déguisent ἰλιάς en ϜιλϜιάς. Or à en juger par la prononciation des Grecs modernes, et l'analogie d'εὐαγγέλιον, qui paraît s'être prononcé dès la plus haute antiquité, *evangelion*, on devrait plutôt dire *Fios* ou *Vhios*, *memaFia* ou *memavia*. Alors, semblable à l'ʊ sanskrit (1), l'υ grec, placé devant une voyelle deviendrait consonne.

Des voyelles l'auteur passe aux consonnes, et c'est ici qu'il expose en détail les permutations des muettes qui servent de base à la conjugaison. C'est aussi dans cette partie de la grammaire qu'éclate surtout la conformité du grec avec le sanskrit. Ainsi l'une des règles principales, c'est que toute muette précédée d'une autre muette la veut de la même nature ou du même degré d'aspiration qu'elle. On dit par exemple ἐλέχθην et non ἐλέγθην, du radical λεγ ; γέγραπται et non γέγραφται du radical γραφ ; πέπλεγμαι et non πέπλεκμαι, du radical πλεκ. La seconde consonne fait la loi à la première ; elle la force de se changer tandis qu'elle-même reste invariable. En sanskrit on dit de même, de la racine AD, ADMI, ATSI, ATTI, *edo*, *edis*, *edit*; D changé en T devant T et S, lettres du même degré : de VÂK, *voix*, et MATRAM, *mesure*, VÂGMATRAM et non VÂKMATRAM, parce que M est une lettre douce et K une dure : enfin de SAKH, *être capable*, SAKTÂ sans K aspiré, 1° parce que la terminaison TÂ n'a pas d'aspiration ; 2° parce qu'une syllabe ne peut finir par une

---

(1) L'ʊ sanskrit se prononce comme OU français.

aspirée. C'est en vertu de ce dernier principe qu'en grec on dit Βάκχος et non Βάγχος, Σαπφώ et non Σαφφώ. C'est aussi pour cela qu'en sanskrit HARIT, *viridis*, fait HARIDBHIH, *viridibus*; où l'on voit T changé en D d'après la règle précédente, mais en D simple et non aspiré, malgré le BH suivant, parce que D termine une syllabe.

Une autre règle non moins obligatoire c'est que l'aspirée au redoublement se change en tenue : grec πέφυκα de φυ, *naître*; sanskrit BABHÛVA, de BHÛ, *être*.

Réciproquement une aspirée appartenante au radical ne se perd jamais, quand il est possible de la conserver; grec τριχ, *cheveux*, génitif τριχός, nominatif θρίξ; le ξ ne contenant plus l'aspiration, celle-ci se reporte sur la première consonne. De même ἐχ, *avoir*, futur ἕξω, présent ἔχω; ταφ, *ensevelir*, futur θάψω, aoriste 2ᵉ ἔταφον; τρεφ, *nourrir*, futur θρέψω, présent τρέφω. De même en sanskrit DAH, *brûler*, aoriste ADHAXAM (1); GODUH, *vaccam mulgens*, accusatif GODUHAM, nominatif GODHUK; partout où l'H disparaît, l'aspiration se reporte sur le D.

Dans l'une et l'autre langue les nasales appartiennent, savoir N aux dentales, ἄντρον; M aux labiales, λαμβάνω. M. Thiersch fait remarquer que dans l'origine on écrivait τομ πολεμοy και τημ μαχήμ φευγειν. Cela devait être : en parlant on joint tous les mots; or l'écriture fut d'abord l'image fidèle de la parole; et comme on

---

(1) Nous représentons par x le grouppe sanskrit qui a la même valeur, et qui se prononce *Kcha*.

prononçait cette phrase, sans s'arrêter, on l'écrivait de même : τομπολεμογκαιτημμαχημφευγειν. C'est exactement comme on écrit encore maintenant le sanskrit. Quand la littérature grecque se popularisa, et surtout quand elle fut cultivée par les étrangers, on sentit le besoin d'analyser; on sépara les mots, ou rétablit les désinences véritables, et l'on écrivit τὸν πόλεμον καὶ τὴν μαχὴν φεύγειν. J'ose prédire qu'on en fera autant pour le sanskrit, si l'étude de cette langue obtient jamais en Europe le crédit qu'elle mérite. Je connais toutes les objections, et ce n'est pas ici le lieu de les réfuter. Je dis seulement que tant qu'on n'aura pas fait pour le sanskrit ce qu'on a fait pour le grec, cette étude restera toujours, comme une science occulte, le partage d'un petit nombre d'adeptes. Il est certain que les difficultés tiennent beaucoup moins au fond de la langue, qu'au système orthographique, qui en est indépendant.

La phrase grecque écrite et prononcée τομπολεμόγκαι etc., peut encore donner lieu à une observation : c'est que les oreilles attiques n'étaient pas effrayées du son nasal tant reproché à notre langue française. Quintilien dit bien (XII, 10) qu'aucun mot grec ne finit par M, mais il parle certainement des mots considérés isolément, ou de ceux sur lesquels la voix tombe et s'arrête; aussi emploie-t-il les expressions *cludimus, cadit*. Les Grecs modernes ne repoussent pas non plus le son nasal, et le sanskrit a un caractère exprès pour l'exprimer devant chaque ordre de consonnes. Mais le sanskrit, le grec, le latin et le français savent aussi l'adoucir au besoin : BHAVÂLLIKHATI (pour BHAVÂNLI-KHATI), συλλέγει, *colligit, collection*. Ceci est bien loin du système moderne qui, en dépit dés muses et de l'oreille, remplit les vers du plus harmonieux des poètes de mots tels que *conligit, conlocat ; inlicit, conrumpitur*. Qu'a-t-il donc servi à Cicéron (*Orat.* 47) d'apprendre aux critiques à venir que souvent la préposition change selon la première lettre du verbe, et qu'on dit *suffugit, summutavit, sustulit?*

Dans son second tableau, M. Thiersch continue à donner les règles d'euphonie ; ainsi πέπλεχθε pour πέλεχσθε (sanskrit, ATÂPTA pour ATÂPSTA, deuxième personne plurielle aoriste de TAP, *briller*); τύπτουσι pour τύπτοντσι ; et ailleurs τύπτων, τύπτουσα, pour τύπτων, τύπ. τοντσα. On remarque dans ce féminin la nasale retranchée comme dans le sanskrit VIDUSÎ pour VIDVANSÎ, féminin de VIDVÂN, *connaissant*.

M. Thiersch insiste sur la division si lumineuse des temps du verbe en *principaux* et *secondaires*. Nous voyons avec plaisir un tel savant proclamer l'importance de cette doctrine, qui fait depuis dix ans la base de l'enseignement dans les écoles françaises. Appliquée aux verbes sanskrits, elle en faciliterait aussi beaucoup la conjugaison. En grec les caractères essentiels des temps secondaires sont l'augment à l'indicatif, et τον, την à la seconde et à la troisième personne du duel de l'indicatif et de l'optatif. En sanskrit nous trouvons TAM, TÂM, à ces mêmes personnes; et quant à l'augment, il suit absolument les mêmes règles dans les deux langues.

L'ordre des temps en grec est celui-ci :

Temps principaux : } *Présent, Futur, Parfait.*

Secondaires : *Imparfait, Aoriste, Plus-que-parfait.*

Et sous ces temps viennent se ranger les modes qui en dépendent ; l'optatif tout entier compte parmi les temps secondaires.

Les temps du verbe sanskrit pourraient être présentés d'une manière analogue :

Indicatif.   *Potentiel.*   *Impératif.*

Présent. DADÂMI, δίδωμι, }
Imparf. ADADÂM, ἐδίδων. } DADYÂM, διδοίην | DADATU, διδότω.

Futur.   *Précatif.*

1ʳᵉ for. DASYÂMI }
2ᵉ — DATÂSMI } δώσω. DEYÂSAM.

Condit. ADASYÂM.

Aoriste. (Le 10ᵉ temps de Wilkins.)

1ʳᵉ forme, ADIXAM, ἔδειξα.

2ᵉ — ADÂM, ἔδων.

Parfait. TUTOPA, τέτυπα.

Point de plus-que-parfait ; en tout onze formes. Les temps principaux sont comme en grec, le présent, les futurs, le parfait. Tous les autres sont secondaires pour le sens et pour la forme. Le futur a un temps secondaire qui manque en grec et se trouve en français ; c'est le conditionnel, *je donnerais.* Le *potentiel* est proprement l'optatif du présent ; le *précatif* est l'optatif du futur. Les 2ᵉ et 3ᵉ personnes du duel de ce mode, DEYÂSTAM, DEYÂSTÂM, ont une analogie remarquable avec δώσοιτον, δωσοίτην. Aucune forme ne répond directement au subjonctif grec qui suit les temps principaux.

Le verbe DADÂMI, qui nous a fourni la plupart de ces exemples, vient de la racine DÂ redoublée. Le présent indicatif se conjugue ainsi :

Sing. DADÂ MI, *Duel,* DAD VAS, *Pl.* DAD MAS,

DADÂ SI, DAT THAS, DAT THA ,

DADÂ TI. DAT TAS. DAD ATI.

On voit que l'â du radical est élidé au duel et au pluriel. Ceci nous explique pourquoi la troisième personne du pluriel, qui est ordinairement en NTI (NAYATI, *ducit,* NAYANTI, *ducunt*), est ici en ATI; c'est que DAD NTI ne pourrait se prononcer. La chose paraît encore mieux dans S̓ ASTI, *regit;* S̓ ASATI, pour S̓ AS NTI , *regunt.* Il en est absolument de même de πεφράδαται pour πέφραδνται; τετύφαται pour τέτυπνται. Ce changement se fait quelquefois en grec sans nécessité absolue : πεπαύαται pour πέπαυνται; et en sanskrit, DÎDHYATE pour DÎDHÎNTE, qui se tirerait naturellement de DÎDHÎTE, troisième personne du singulier.

Un rapport non moins étonnant, et qui tient au mécanisme le plus intime de la conjugaison, c'est la syllabe σθα (ou θα) qui termine la seconde personne de certains verbes, comme ἦσθα, οἶσθα, ἔφησθα; syllabe qui se retrouve en sanskrit et en latin au parfait, BABHÛVA, *fui,* BABHÛVITHA, *fuisti,* et en anglais, *knowest, novisti.*

Dans le paragraphe intitulé *Modifications du radical,* M. Thiersch fait voir comment la racine θνα devient θνησκ; μαθ, μανθαν; τυχ, τυγχαν; λιπ, λειπ; πραγ, πρασσ, etc. Il ajoute que ces additions reçues par un radical ne sortent pas du présent et de l'imparfait, et que tous les autres temps se tirent immédiatement du radical ; nouvelle analogie, et peut-être la plus remarquable de toutes, avec le sanskrit, qui modifie exclusivement les mêmes temps, et à peu près de la même manière.. Les grammairiens indiens ont fait de ces lettres ajoutées le prétexte d'autant de conjugaisons différentes, ce qui embrouille prodigieusement la grammaire. Quand donc renversera-t-on, comme on l'a fait pour le grec, tout cet échafaudage, et quand substituera-t-on, à cette effrayante synthèse, une simple et commode analyse ?

Un de ces changemens est celui de γεν en γίγν-ω, de τεκ en τίκτ-ω. Nous ne l'envisageons pas tout-à-fait comme M. Thiersch. Nous croyons que γίγνω résulte de γιγενω, consonne radicale redoublée avec addition de ι, comme de μεν on fait μι-μεν-ω, μίμνω; de πετ, πι-πετ-ω, πιπτω ; de γνο, γιγνωσκω ; de μνα, μιμνησκω, et même de δο, δίδωμι. D'après ce procédé τεκ devrait produire τι-τεκ-ω, τιτκω ; mais la muette du troisième ordre-τ-ne peut aller devant κ qui est du second, et l'on a forcément τίκτω.

La comparaison du grec avec le sanskrit et les langues de la même famille indique aussi, pour former l'aoriste passif ἐτύφθην, une manière plus satisfaisante que celle de M. Thiersch ; et elle explique en même temps comment il se fait que cet aoriste ait la terminaison active. Le sanskrit a un participe passif dérivé immédiatement du radical par l'addition de TAS, latin *tus* :

DâTAS, *datus* ; KRITAS, *creatus*. A présent, si l'on fait attention que l'allemand prend aussi un T au participe passif (*gelobet*, loué), que D, lettre de même organe, figure dans le latin *ferendus*, et le persan *ber-*Deh, enfin qu'il en est de même dans les anciens dialectes du Nord, on est en droit d'en conclure que les lettres dentales D, T, TH, sont caractéristiques du passif ; aussi avons nous en grec λυτός *solubilis*, λυθείς *solutus*. Si donc au radical τυπ on ajoute ce caractère passif θ, on aura τυφθ, auquel joignant l'augment et le verbe abstrait à son temps secondaire ην, ης, η, on aura ἐτύφθην ; au subjonctif τυφθῶ, à l'optatif τυφθείην. Le participe τυφθείς est une forme adoucie de τυφθεντς. La forme absolue, qu'il faut chercher ici comme ailleurs dans les cas indirects, est τυφθεντ, auquel le nominatif ajoute σ, de même que la plupart des nominatifs sanskrits ajoutent le *visarga*, qui répond au σ. Ceci décide en passant la question des grammairiens, le nominatif est-il un cas ? C'en est un comme un autre ; il a sa désinence propre, qui le plus souvent est S en grec aussi bien qu'en sanskrit : ἀραβ, nominatif αραβς (ἄραψ); ἀρπαγ — ἁρπαγς (ἅρπαξ); ἐλπιδ — ἐλπιδς (ελπις); γιγαντ — γιγαντς (γίγας); μελαν — μέλανς (μέλας). Quelquefois le nominatif est privé de désinence : génitif μάρτυρ ος, nominatif μάρτυρ ; quelquefois il se reconnaît au retranchement d'une lettre radicale : génitif σώματ ος, nominatif σῶμα ; δράκοντ-ος, δράκων (dans ce dernier la voyelle est allongée). De même en sanskrit, radical RâJAN, *roi*, nominatif RAJâ ; accusatif PATCHANT AM, nominatif PATCHAN (grec πέπτοντα, πέπτων) *coquens*.

Remarquons que le *visarga* sanskrit est tantôt S, tantôt H, c'est-à-dire qu'on prononce également DEVAS et
DEVAH, *divus*. Ne faudrait-il pas rapporter à cette analogie l'élision de S dans Ennius : *versibu' quos olim*, etc.
Catus Æliu' Sextus?

Les participes en μενος nous fourniront un dernier
rapprochement ; le sanskrit les termine en MÂNAS :
πεπτόμενος, PATCHAMÂNAS. Les anciens dialectes d'Italie
avaient aussi cette forme : de là *vertumnus* (quasi
vertomenos) de *vertere ;* sanskrit VARTAMÂNAS ; *alum-
nus (alomenos)* d'*alere : amamini* (pluriel d'*ama-
menos)* vous êtes aimés (en sous-entendant *estis*). A
ces trois mots cités par M. Bopp, ajoutons *vehemens*
(quasi *vehemenos, qui impetu fertur*), de *vehere.*
C'est le sanskrit VAHAMÂNAS, de VAH, qui signifie
aussi *porter,* et fait à la troisième personne de l'aoriste, AVAXÎT, *vexit.* Cette étymologie réfute assez
la fausse dérivation *vehere mentem* qu'on donne à *vehemens.*

Je bornerai ici ces rapprochemens. On en trouvera
encore quelques autres dans la seconde préface placée
à la tête de ma grammaire grecque à partir de l'édition de 1819. On les trouvera surtout développés
beaucoup plus en détail dans un excellent ouvrage de
M. Bopp, publié d'abord en allemand, puis redonné
en anglais avec quelques changemens. Enfin M. de Chézy
les expose tous les jours avec une rare sagacité dans
son cours au Collége de France, et je me fais un devoir de dire que j'en ai recueilli la plupart et beaucoup
d'autres encore à ses doctes leçons, plusieurs années

(13)

avant que personne eût rien publié sur ces matières(1).

Je reviens à M. Thiersch. Dans son quatrième tableau il décompose chaque forme du verbe en *radical*, *voyelle modale*, *désinence personnelle*. Ces trois élémens se distinguent très-bien au passif : indicatif λυ-ο-μαι, λυ-ε-σαι, λυ-ε-ται ; subjonctif λυ-ω-μαι, λυ-η-σαι ; optatif λυ-οι-μεν, λυ-οι-σο. A l'actif, la voyelle modale se confond avec la désinence, λυ-ω, εις, ει ; elle reparaît au pluriel, λυ-ο-μεν, λυ-ε-τε ; et au duel, λυ-ε-τον. Le parfait passif en est privé, λελυ-μαι, πεφιλη-μαι ; et les verbes en μι à l'indicatif : τιθη-μι, τιθε-μαι. A l'optatif ces verbes prennent ι au lieu de οι pour voyelle modale, τιθε-ι-ην, ιστα-ι-ην. A cet exemple on forme certains parfaits passifs par un simple ι souscrit, πεφιλημην, ηο, ητο. Mais ordinairement on prend une circonlocution : τετυμμένος είην. A propos de voyelle modale, remarquons encore que c'est également I qui en sanskrit caractérise les modes que nous avons comparés aux optatifs grecs.

Cette manière d'analyser les verbes grecs est bien plus philosophique que le système, heureusement abandonné, des figuratives et des pénultièmes. Mais c'est ici surtout que M. Thiersch présente synthétiquement les résultats de sa belle et rigoureuse analyse;

---

(1) Dès l'an 1810, M. de Chézy a inséré dans *le Moniteur* n° 146, un article plein d'érudition sur la *Grammaire sanshrite* de Wilkins; article où il apprécie cet ouvrage avec une telle supériorité de doctrine qu'il relève jusqu'aux moindres fautes échappées à l'attention du savant anglais.

il faut être déjà fort pour le suivre et composer avec lui les formes dont il montre d'abord les élémens épars. Ce qu'il y a de plus véritablement neuf dans ses tableaux, c'est la conjugaison homérique mise en regard de la conjugaison ordinaire et présentée avec beaucoup de clarté. Le neuvième et dernier tableau, qui comprend les déclinaisons et quelques verbes irréguliers très-usités, est presque à lui seul une clef d'Homère. C'est principalement dans l'étude de ces anciennes formes qu'on reconnaît cette vérité, qu'en grec comme en sanskrit la conjugaison primitive était $\mu\iota$, $\sigma\iota$, $\tau\iota$, pour l'actif; $\mu\alpha\iota$, $\sigma\alpha\iota$, $\tau\alpha\iota$, pour le moyen. Or μ, σ, τ, sont les consonnes radicales des trois pronoms $\mu o \tilde{\upsilon}$, $\sigma o \tilde{\upsilon}$, $\tau o \tilde{\upsilon}$; les voyelles ne sont là que pour en faciliter l'articulation. Cette remarque détruit le système d'après lequel la grande famille des langues sanskritiques aurait formé sa conjugaison uniquement par dés inflexions de la racine, tandis qu'une autre famille, à laquelle appartiennent l'arabe et le syriaque, la forme par des affixes ayant une signification propre. On voit que les désinences du sanskrit, d'où sont venues celles du latin et du grec, n'étaient elles-mêmes dans l'origine, que de simples affixes que le temps et l'usage ont fini par fondre en un seul mot avec le radical. Ces idées, que nous avons déjà indiquées ailleurs, se trouvent avec des détails intéressans dans l'ouvrage anglais de M. Bopp, cité plus haut.

La traduction française des tableaux de M. Thiersch a le genre de mérite que comporte un tel ouvrage, la clarté. Quelques fautes d'impression, en petit nombre, ne méritent pas une critique sérieuse ; elles sont si difficiles à éviter ! Le lecteur instruit les corrigera d'ailleurs très-facilement. Nous voudrions que le traducteur se fût plus sévèrement interdit le néologisme. Etude *difficultueuse*, règles *intransgressibles*, lettres *congénères*, lettres *terminales*, n'étaient pas des locutions absolument nécessaires.

J'aurai atteint le but que je me suis proposé dans cet article, s'il contribue d'un côté à faire connaître un bon ouvrage, et de l'autre à exciter la curiosité de ceux qui n'ont pas encore lu ce qui a été écrit sur les innombrables rapports du sanskrit avec le grec, le latin, et toutes les vieilles langues de l'Europe.

ANALYSE ET EXTRAIT

DU

DÉVIMAHATMYA,

FRAGMENT DU MARKANDÉYA POURANA.

ANALYSE ET EXTRAIT

DU

DÉVIMAHATMYA [*]

L'OUVRAGE dont nous offrons ici un extrait, est un fragment célèbre du *Markandéya Pourana*, connu sous le nom de *Tchandi, Tchandika* (1); et plus ordinairement sous celui de *Dévimahatmya* (la grandeur de *Dévi*).

Ce morceau a eu les mêmes honneurs que le *Bhagavat Gita*; on l'a séparé du *Pourana*, dont il fesait partie, et quelquefois même on l'a considéré comme un poëme à part, dont on reculait l'antiquité au-delà de l'époque où durent être composés le *Ramayan* et le *Mahabharat*.

Il nous est tout-à-fait impossible de fixer la date de cette composition; toutefois elle paraît fort ancienne; et M. de Chézy, auquel personne ne contestera le droit de décider en pareille matière, a cru reconnaître dans le style cette couleur d'antiquité qui caractérise les lois de *Menou*. Pour nous, jusqu'à ce que des preuves irrécusables en aient fixé la date d'une

---

[*] Extrait du Numéro 19 du *Journal Asiatique*.

(1) Noms donnés à *Dévi*, après sa victoire sur le démon *Tchanda*.

manière certaine, nous nous contenterons de faire connaître cet ouvrage par la traduction de quelques morceaux et l'analyse complette des sujets qui y sont traités (1).

Chant I. Un roi, nommé *Souratha* (2), vaincu par de puissans ennemis, trahi par ses sujets, s'enfuit dans une forêt où il rencontre un *veisya* et un brahmane. Le roi et le *veisya* proposent au brahmane des questions que celui-ci essaie de résoudre en leur racontant l'histoire de *Dévi*. Il leur dit qu'à la fin d'un *kalpa*, pendant que *Vichnou* dormait étendu sur le serpent *Secha*, deux géans, nommés *Keitabha* et *Madhou*, cherchèrent à détrôner *Brahma*. Celui-ci, du haut du Lotus, où il était assis, appelle à son secours *Dévi*, qui lui apparaît et réveille *Vichnou*. Le dieu attaque les géans, qui, frappés de terreur par *Dévi*, tombent et périssent sous ses coups.

Chant II. Jadis un démon, nommé *Mahicha*, détrôna les dieux et les chassa du ciel. Les vaincus se présentèrent devant *Vichnou*, qui, à la nouvelle de leur défaite, pousse un grand cri et fait retentir sa conque. A ce bruit, *Sivá* apparaît. — Description du corps de la déesse, dont chacun des dieux compose une partie. — Énumération de ses divers attri-

---

(1) Le *Tchandika* n'est encore connu que par l'analyse succincte, mais exacte, que MM. Hamilton et Langlès en ont donnée. *Cat. des Man. sansc.*, p. 54 et suiv.

(2) L'histoire de *Souratha* se trouve encore dans la deuxième section du *Brahma Veivartika Pourana. Voy. Cat. des Man.*, pag. 39.

buts. La déesse s'avance au-devant de *Mahicha*. Combat et défaite du démon.

Chant III. A la vue de son armée en déroute, *Mahicha* se précipite sur les troupes de la déesse et y porte un instant le trouble. *Dévi* lui lance une chaîne dans les replis de laquelle elle le serre fortement. Le démon échappe à sa prise en changeant de forme ; il devient lion, puis homme, puis éléphant, enfin il reprend sa forme première et est tué par *Dévi* qui lui tranche la tête.

Chant IV. *Sacra* et les autres dieux chantent un hymne en l'honneur de la déesse.

Chant V. Deux nouveaux démons, vainqueurs des dieux, reparaissent sur la scène. Les dieux se rassemblent autour de l'*Himavat*, où *Dévi* avait placé son séjour, et, dans un hymne très-long, ils implorent son appui. Un des démons, *Soumbha*, qui a vu la déesse, envoie un ambassadeur lui faire des propositions de mariage. La déesse le refuse.

Chant VI. *Soumbha* furieux appelle *Dhoumra lotchana*, autre démon, et lui ordonne de s'emparer de la déesse. — Combat. Le démon est tué. *Soumbha* appelle à son secours *Tchanda* et *Mounda*.

Chant VII. *Tchanda* et *Mounda* attaquent *Dévi* ; victoire de la déesse qui coupe la tête des démons.

Chant VIII. *Soumbha* se prépare de nouveau au combat, les forces (*Sacti*) de *Brahma*, *Isa*, *Kartika*, *Vichnou*, *Indra*, s'incarnent et arrivent au secours de *Dévi*. Lutte de *Ractavidja* et de la déesse ; mort du démon.

Chant IX. *Soumbha* appelle *Nisoumbha*, son frère, à son secours ; celui-ci est tué et son armée mise en fuite par la déesse.

Chant X. *Soumbha*, furieux de tant de défaites, crie à la déesse : « Ne t'enorgueillis pas , ô *Dévi*, de tes » succès ; tu triomphes, mais tu n'es pas seule, et » d'autres que toi ont part à ta victoire. » La déesse répond : « Je suis seule dans le monde ; quelle autre » que moi existe dans l'univers ? Regarde , et vois » ces forces diverses rentrer en mon sein. » A ces mots les forces des dieux sont absorbées par *Dévi*, et la déesse reste seule en face de l'*Asour*. « Me voilà » seule, s'écrie-t-elle, avance et combats. » Une lutte terrible s'engage. Enfin la déesse renverse le démon et le perce de son glaive.

Chant XI. Les dieux sous la conduite d'*Agni* chantent un hymne en l'honneur de la déesse. Satisfaite de leurs éloges, elle leur promet qu'elle exaucera leurs vœux. Les dieux demandent la paix pour les trois mondes. *Dévi* la leur promet et prédit en même tems ses apparitions futures.

Chant XII. *Dévi* énumère les récompenses promises à ceux qui observent religieusement son culte.

Chant XIII. Le brahmane a fini son récit. Le roi, touché de la grandeur de la déesse, se livre avec le *veisya* à la contemplation de sa gloire ; ils prient et méditent pendant trois ans. Au bout de ce tems, la déesse leur apparaît , et leur ordonne d'exprimer ce qu'ils désirent. Le roi souhaite de recouvrer son royaume, et, après sa mort, de renaître pour ne

plus mourir. Le *veisya* demande la science. La déesse
leur promet l'accomplissement de leur vœu, et an-
nonce au roi qu'il renaîtra dans la famille du saint
Vivaswata, sous le nom du Menou *Savarni*. *Dévi*
disparaît.

Tel est le sujet du *Tchandika*, poëme d'un grand
intérêt mythologique, mais dans lequel des répétitions
continuelles et des détails d'une incroyable bizarrerie
rebuttent souvent le lecteur. Tout, dans cette composition singulière, porte l'empreinte du culte bar-
bare de *Siva*. Les combats surtout offrent des scènes
affreuses, quelquefois même dégoûtantes. Il nous
suffira de citer (chant VIII) la lutte de la déesse avec
Ractavidja, démon dont le sang, comme une semence
féconde, enfantait de nouveaux *Asours*, dès qu'il
touchait la terre. La déesse, pour le vaincre, ordonne à *Kali* de boire le sang qui coule de ses bles-
sures ; accablé de traits, le démon tombe sur la terre,
privé du sang qui fesait sa force.

Le morceau suivant forme en quelque sorte l'ex-
position. Je me suis fait un devoir de traduire avec la
plus scrupuleuse exactitude. Outre le texte imprimé
aux Indes en caractères *Dévanagari*, j'ai pu consulter
un manuscrit que M. Chézy a eu la complaisance de
mettre à ma disposition. Je suis heureux de pouvoir lui
témoigner publiquement la reconnaissance que m'ins-
pirent les bontés qu'il a pour moi.

CHANT PREMIER.

MARKANDÉYA PARLE.

Je chante *Savarni* de la famille du soleil, celui

qu'on appelle le huitième *Menou*, je chante sa naissance, quand, à la voix de *Mahamaya*, ce glorieux descendant du soleil, ce favori des cieux parut pour commander à un *Manwantara*.

Sous l'empire du *Menou Swarotchicha*, vivait un roi nommé *Souratha* de la famille du soleil. Il gouvernait ses sujets comme ses propres enfans ; mais des hommes forts sur la terre et qui ne tremblaient pas à la vue d'un glaive s'élevèrent contre lui. Ce roi, au sceptre puissant, leur livra bataille ; mais ses injustes ennemis le vainquirent dans le combat ; car ils ne tremblaient pas à la vue d'un glaive. Battu par ces hommes redoutables, *Souratha* se retira dans la ville qui commandait à ses états ; mais de lâches et trop puissans ministres, abusant de sa faiblesse, là, dans sa ville même, lui enlevèrent ses richesses et son pouvoir. Vaincu et dépouillé de sa puissance, il s'enfuit couvert d'une peau de bête, et, montant sur un cheval, il gagna seul une forêt impraticable. Là il vit une retraite habitée par un chef de brahmanes ; des animaux apprivoisés erraient à l'entour, au milieu des *Mounis* et de leurs disciples. Le roi s'avança peu à peu, et, salué par le brahmane qui lui offrait l'hospitalité, il s'arrêta dans sa paisible demeure. Cependant des pensées orgueilleuses s'élevaient dans son ame. Eh quoi, disait-il, cette ville où si long-tems régnèrent mes aïeux, je l'abandonne donc aujourd'hui ! Mes sujets coupables y gouvernent, par la justice ou la violence ! je ne sais ; mais le ministre qui m'a trahi, semblable à l'éléphant furieux, n'a pas encore perdu sa férocité. Cependant, esclave de mon ennemi, quel bonheur sera le sien?... Ceux que jadis j'ai comblés de faveurs, de richesses, de plaisirs, vont maintenant jurer à de nouveaux maîtres une fidélité éternelle. Et ce trésor que j'ai amassé au prix de tant de peines, épuisé par la prodigalité, il s'évanouira bientôt en de folles dépenses ! Telles étaient les pensées qui l'occupaient, quand auprès de la demeure du brahmane, il voit un *veisya*. Qui es-tu, lui dit le roi ? et quel motif t'amène en ce lieu ? quel malheur a répandu sur tes traits cette sombre tristesse ? Ainsi parlait le roi, et ses paroles étaient affectueuses ; le *veisya* l'entendit, et le saluant avec reconnaissance, il lui répondit en ces termes :

LE VEISYA PARLE.

Je suis un *veisya*, je me nomme *Samadi*. Né dans une famille riche, j'ai été abandonné de mes femmes et de mes enfans. Leur avide cupidité m'a dépouillé de mes richesses, et seul, privé de mes femmes, de mes enfans, des parens en qui j'avais mis ma confiance, dans mon malheur, je me suis retiré dans la forêt. Là, je ne vois plus mes fils ; je ne sais si mes femmes et mes enfans sont vertueux ou coupables. Et cependant sont-ils heureux ? dois-je apprendre leur bonheur ou leur infortune ? Mes fils ! que font-ils ? criminels ou vertueux, quel est leur sort ?

LE ROI PARLE.

Eh quoi ! privé de tes richesses par des fils et des femmes coupables, quel lien d'affection peut encore t'attacher à eux ?

LE VEISYA PARLE.

Seigneur, il est bien vrai ; mais que faire ? Mon ame outragée ne saurait se résoudre à la haine. Les cruels ! ils m'ont repoussé ! ils ont sacrifié à la soif des richesses, l'amour qu'ils devaient à un père, à un époux, à un parent ! et cependant je les aime toujours. Je connais mon erreur, et n'en puis concevoir la cause. D'où vient que ces perfides parens ont encore mon affection ? Mon ame est partagée entre la tendresse et la haine ; et cependant pourquoi mon cœur me refuse-t-il l'indignation et la colère ?

MARKANDÉYA PARLE.

Ainsi réunis, le *veisya Samadi* et le prince le plus vertueux des hommes, s'approchèrent du brahmane, après lui avoir rendu les honneurs qui lui étaient dus, ils s'assirent et s'entretinrent ainsi avec lui.

LE ROI PARLE.

Seigneur, une chose m'embarrasse, explique-la moi. D'où me vient dans mon infortune cette hauteur superbe qui se révolte contre toute pensée d'abaissement, comme si la royauté m'entourait de toute sa puissance ? Mon ame connaît sa faiblesse et cependant s'y livre comme si elle l'ignorait. Et ce *veisya*, trahi par ses fils, par ses femmes, abandonné de ses esclaves et de ses parens, il les aime cependant encore ! Tous deux, un grand malheur nous accable ; tous deux nous sommes coupables, et nous connaissons l'objet de notre faute : notre ame est en proie à l'égoïsme.

Quel est donc, ô le plus sage des hommes, cette erreur d'une ame qui connaît sa folie ? Explique-moi ce qui nous aveugle tous deux et nous fait illusion. »

Après ce dialogue qui sert d'introduction au poème, le brahmane cherche à répondre aux questions du roi. « C'est *Dévi*, lui dit-il, qui répand le trouble en » ton ame ; c'est *Mahamaya*, la mère des illusions » dont ce monde créé est incessamment le jouet. » Telle est la suite d'idées qui conduit le poète à raconter l'apparition de la déesse et sa victoire sur les *Asours*.